영원한 스승 **임용우**

그날의
함성

• 글 고현숙

인천광역시 강화에서 태어나 44년째 초등학교 아이들과 꿈을 키워가고 있습니다. 서울벤처대학원대학교 평생교육원 동화창작스토리텔링 과정을 수료하고, 2020 KB창작동화제에서 단편동화 당선, 2020 『아동문학사조』 제1회 신인문학상 수상으로 동화를 쓰고 있습니다. 출간 작품으로 2020 KB창작동화제 수상작 모음집 《동화는 내 친구-우리 집에 태풍이(공저)》, 《슝슝이가 하는 말》, 《그날의 약속》, 《문학상 수상 작가들의 단편동화 읽기3(공저)》, 동화작가 14명의 단편동화 《우주 이발관(공저)》이 있습니다.

• 그림 고유진

안전동화 《슝슝이가 하는 말》에서 호기심을 주는 그림을 그렸습니다. 일러스트레이터로 활동하고 있으며, 읽는 이에게 감동을 주는 그림을 그리려고 노력합니다. 김포에서 자라나, 역사동화 김포 독립운동가 임용우 선생님에 관한 그림을 그리게 되어 뜻깊게 생각합니다. 우리나라를 이끌어 갈 어린이들에게 희망과 감명을 주는 그림책이 되면 좋겠습니다.

[도움을 주신 분]

김진수 : 김포 3·1만세운동연구소장. 전)김포문화원 부원장. 《김포항일독립운동사》 등 다수 편찬
임도연 : 애국열사 임용우 선생님 직계 증손, 신김포농협 수석이사
임종광 : 애국열사 임용우 선생님 문중/부안 임씨 밀직공파 김포종회 회장, 김포 우리병원 기획관리실장, 전)김포시청 국장
신광철 : 김포시 3·1만세운동기념사업회 이사장, 오라니장터 3·1만세운동기념사업회 이사장, 김포시 노인대학장, 전)김포시청 국장
류지만 : 월곶 선양회 회장, 전)김포문화원장
양재완 : 김포문화도시위원회 부위원장, 전)김포시 초등학교총동문연합회장, 전)문화관광체육부 국장, 전)대한체육회 사무총장
이회수 : 양곡초등학교 총동문회 부회장, 전)경기교통공사 사장 직무대리
박호연 : 신김포농협조합장, 전)신김포농협양촌지점장
이진환 : 강화 선원초 100년사 편찬위원장, 한양대 생명과학과(이학박사), KIST선임연구원, 상명대 자연과학대학장, 한국조류학회장, 한국환경생물학회장, 《새로 쓰는 강화 인물사》 외 다수 출간

자문 및 감수 : 김포시 3·1만세운동기념사업회, 오라니장터 3·1만세운동기념사업회(김포시 양촌읍 양곡리 소재)

초판 1쇄 발행 : 2024년 2월 20일 | 초판 2쇄 발행 : 2024년 5월 27일
글_고현숙 | 그림_고유진

펴낸이 : 오세기 | 펴낸곳 : 도담소리 | 주소 : 경기도 고양시 덕양구 꽃마을로 34, 1416호(DMC스타펠리스)
전화 : 02) 3159-8906 | 팩스 : 02) 3159-8905 | 이메일 : daposk@hanmail.net
편집디자인 : 공간디앤피
등록번호 제2017-000040호

ISBN 979-11-90295-29-1　77810

ⓒ 고현숙, 2024

이 책은 김포시 지역 경제와 공동체 발전을 위해 헌신하고 있는
'신김포농협'과 '김포우리병원'의 후원으로 출간되었습니다.

• 이 책은 저작권법에 따라 보호를 받는 저작물이므로, 출판사의 동의 없이 무단 전재나 복제할 수 없습니다.
• 잘못된 책은 구입하신 서점에서 교환해 드립니다. • 책값은 뒤표지에 있습니다.

영원한 스승 임용우

그날의 함성

글 고현숙 그림 고유진

도담소리

[작가의 말]

역사와 교육은 나라의 힘!

1900년대 일본은 많은 우리의 역사책을 불태워 찬란했던 우리 민족의 유구한 역사를 뚝 잘라 버리는 만행을 저질렀어요. 우리나라보다 우월하게 보이려고 억지를 부린 거지요. 그 시절 나라 안팎에서는 많은 항일 비밀 결사대를 조직하여 일제에 항거했어요. 해외에 독립운동 근거지를 만들고, 학교를 세워 교육으로 우리 민족이 하나로 똘똘 뭉치게 했지요. 외교력을 키우려 노력했고, 체계적인 훈련으로 군사력을 키워 그들의 간담을 서늘하게 하기도 했고요.

1919년 3월 1일, 일제에게 강제로 빼앗긴 나라를 되찾기 위해 수많은 사람이 만세를 불렀어요. 이 만세운동은 경성(서울)에서 시작하여 전국 방방곡곡, 해외로 번져 나가 온 세계를 깜짝 놀라게 했어요. 경성 만세운동에 참여했던 학생들과 사람들은 고향으로 내려와 만세운동을 이끌었지요.

고향 창신학교와 덕적도 명덕학교에서 수많은 애국 청년을 길러낸 임용우 선생님도 경성 만세운동에 참여하고 고향으로 내려와, 3월 3일과 3월 29일 군하리 만세운동을 이끌었어요. 그리고 4월 9일 덕적도 진리 해변에서 덕적군도 연합운동회를 열어 학생, 학부모, 섬마을 사람들과 만세를 부르고 감옥에 갇혔지요. 2대 독자인 선생님은 곧 태어날 아기가 있음에도 불구하고 모든 것을 짊어지고 험한 고문을 받다가 돌아가셨어요. 사과 궤짝에 담긴 선생님의 싸늘한 주검은 덕적군도와 강화도 등 섬사람들에게는 하늘이 무너지는 안타까움이었다고 해요. 일제의 만행에 맞서 섬마을 사람들의 많은 어려움을 함께 고민하며 해결해 주고 바른길로 이끌어 주셨던 선생님의 말씀과 행동은 100년이 지난 지금까지도 후손들에게 생생하게 전해져 오고 있답니다.

한 나라가 흥하고 망하는 것은 온 국민의 단결, 그리고 국제 정세를 얼마나 폭넓게 이해하고 올바르게 대처하느냐에 달려 있어요. 중국은 2002년부터 추진된 동북공정에서 우리 역사를 송두리째 훼손했어요. 고조선과 부여의 역사는 물론 고구려, 백제, 발해까지 자기네 역사라고 왜곡하여 공표한 것이 그 증거고요. 얼마 전 강원도에 차이나타운을 건설하려 한 것도, 우리나라 땅이 중국 땅이었다고 왜곡한 역사의 명분으로 삼으려던 것이었지요. 일본도 독도가 자기네 땅이라고 우기고, 운나일본부설 등 거짓 역사를 버젓이 교과서에 실어 진실인 양 학생들의 머릿속에 차곡차곡 넣어 주고 있어요. 우리 땅을 빼앗으려는 뻔한 속셈이지요.

역사와 교육은 국력이고, 우리나라를 지키는 명분이에요. 우리는 후손들에게 자유와 행복한 미래를 물려주어야만 해요. 이것이 우리 역사를 바로 알고 선열들이 중시 여겼던 교육도 계속 이어가야 하는 이유랍니다.

이제 순국선열들이 흘린 값진 피와 땀이 헛되지 않도록, 그분들의 업적을 모두 찾아내고 기억하여 숭고한 뜻을 이어가는 것은 우리 후손들의 몫입니다. 자유롭고 평화로운 세상을 위해 항일 독립운동에 나섰던 모든 분과 그 가족, 그리고 나라를 구하기 위해 희생과 헌신을 아끼지 않으신 분들께 이 글을 바칩니다.

꿈의 학교 옥산에서

고현숙

"임용우! 서른다섯 살. 경기도 김포군 월곶면 개곡리 출생! 맞느냐?"
"맞다!"
"3월 1일 경성에서 만세를 불렀느냐?"
"그렇다."
"3월 29일, 김포 월곶면에서 만세 시위를 계획하고 이끌었느냐?"
"그렇다."
"4월 9일, 덕적도 명덕학교 운동회를 핑계로
제자 차경창, 이재관 등과 만세 시위를 주도했느냐?"
"나 혼자 계획하고 추진했다."
재판장이 용우의 제자들을 공범으로 몰아가려고 애를 썼지만 헛수고였다.
"네 죄를 인정하느냐?"
"나는 죄가 없다. 우리나라를 강제로 빼앗고, 핍박하는 너희들이
죄인이지 않더냐? 역사가 심판할 것이다. 대한독립 만세!……."
용우의 서릿발 같은 위엄에 재판장은 이내 재판을 매듭지었다.
"임용우! 징역 1년 6개월을 판결한다. 땅! 땅! 땅!"
용우의 눈꺼풀이 서서히 내려앉았다.

▶ 경성 : '서울'의 전 이름.
▶ 핍박 : 바싹 죄어서 몹시 괴롭게 굶.

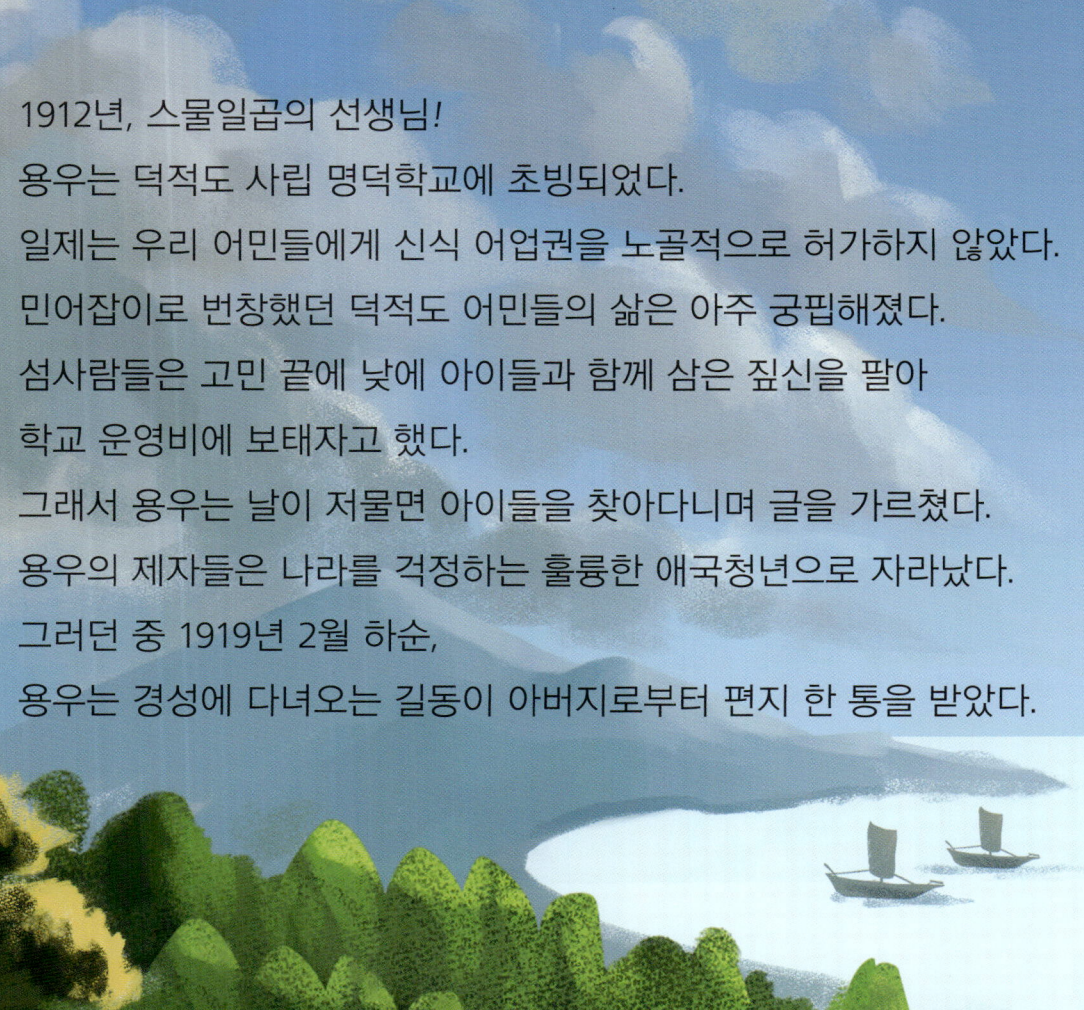

1912년, 스물일곱의 선생님!
용우는 덕적도 사립 명덕학교에 초빙되었다.
일제는 우리 어민들에게 신식 어업권을 노골적으로 허가하지 않았다.
민어잡이로 번창했던 덕적도 어민들의 삶은 아주 궁핍해졌다.
섬사람들은 고민 끝에 낮에 아이들과 함께 삼은 짚신을 팔아
학교 운영비에 보태자고 했다.
그래서 용우는 날이 저물면 아이들을 찾아다니며 글을 가르쳤다.
용우의 제자들은 나라를 걱정하는 훌륭한 애국청년으로 자라났다.
그러던 중 1919년 2월 하순,
용우는 경성에 다녀오는 길동이 아버지로부터 편지 한 통을 받았다.

▶ 초빙 : 예를 갖추어 불러 맞아들임.
▶ 궁핍 : 몹시 가난함.
▶ 한울님 : 천도교에서 하느님을 이르는 말로 한국의 민족신으로도 여김.
▶ 우르르다 : 마음속으로 공경하여 떠받듦.

서울에서 대규모 만세운동을 진행할 예정이오니
경성으로 속히 와 주길 바라오!

'한울님이시여, 이 한몸 바쳐 나라를 구할 수 있다면 그리하겠나이다.'
용우는 하늘을 우러르며 두 주먹을 불끈 쥐었다.

용우는 곧바로 경성으로 올라가 천도교 동지들과 뜻을 모았다.
그런 뒤, 3월 1일 만세운동에 앞장섰다.
'이제 우리의 뜻이 이뤄질 게야.'
"대한독립 만세! 만세!……."
용우는 큰소리로 만세를 불렀다.
그때 말을 타고 나타난 일본 헌병들이
만세를 부르는 사람들에게 마구 총을 쏘아 댔다.
"탕! 탕탕 탕!……."

수많은 사람이 죽거나 붙잡혀 갔다.
'여기서 잡힐 수 없어!'
용우는 경성에서의 뜻이 곧 다한 사람 모두의 뜻임을
고향에서 알리기로 하고 동지들과 헤어졌다.

▶ 천도교 : 최제우가 창건한 '동학'을 제3대 교주인 손병희가 개창한 이름. 인격적이며 초월적인 유일신 한울님을 신앙 대상으로 하며, 천인합일(天人合一)의 인내천(人乃天) 사상과 사인여천(事人如天) 사상을 바탕으로 한 현세주의적 종교임.

용우는 서둘러 고향으로 가는 나룻배에 몸을 실었다.
예전부터 함께 나라를 걱정하던 후배 조남윤이 생각났다.
조남윤도 보통학교에서 아이들을 가르치며
독립을 위해 애쓰는 애국청년이었다.
'남윤과 뜻을 같이해야겠어.'

▶ 보통학교 : 일제 강점기에, 우리나라 사람들에게 초등 교육을 하던 학교. 처음에는 4년제였으나 6년제로 바뀜. 1906년 「보통학교령」에 따라 설치된 초등교육기관으로, 당시 서울에 관립 9개, 지방에 공립 13개, 총 22개 학교를 설립한 데 이어, 1909년까지 60개의 보통학교를 신설함.
▶ 나룻배 : 큰 배가 닿기 어려운 작은 나루에서 사람이나 짐 따위를 큰 배까지 옮겨 싣는 작은 배.

▶ 전류정나루 : 경기도 김포시 하성면 전류리 봉성산의 동쪽 한강과 접한 곳에 있던 나루터로,《조선지지》에는 전류리 주막이 있었다고 함. '전류'는 바닷물과 한강의 큰 물이 만나 회오리를 일으키며 바다로 되돌아 나가는 현상을 말하는데, 이러한 현상으로 전류마을로 불렸으며, 이곳에 전류정이 있었음.

어느새 나룻배가 전류정나루에 닿았다.
배에서 내린 용우는 고정마을 조남윤의 집을 향해 걸음을 재촉했다.
사방이 깜깜해졌다.
"남윤이, 안에 있는가?"
사립문 밖에서 조심스럽게 조남윤을 불렀다.
조남윤이 툇마루로 나와 고개를 길게 빼고 두리번거렸다.
"날세. 개곡리 임용우!"
"아, 임 선생님이시군요. 이 늦은 시각에 무슨 일로…….
어서 들어오세요."

"이 친구는 아랫마을 사는 제 소꿉친구랍니다."
조남윤이 용우를 반갑게 맞이하며,
방 안에 있는 늠름한 청년 당인표를 소개했다.
"반가우이. 우리 마을에서도 만세운동을 벌이자고 찾아왔네."
"그렇지 않아도 찾아뵙고 의논드리려던 참이었어요."
"암요. 몹쓸 인간들! 억울하게 돌아가신 고종 황제님의 한을
풀어드려야지요."
용우의 말에 조남윤과 당인표도 대번에 굳은 의지를 내비쳤다.
"고맙네. 아이들이 존중받고 맘껏 꿈을 펼칠 수 있는
자유롭고 희망찬 미래를 꼭 물려줘야만 하네!"
용우는 뜻을 함께할 사람들과 당인표의 집에서 다시 모이기로 하고 헤어졌다.
용우의 마음은 온통 고향에서 부를 만세의 물결로 일렁였다.

용우는 곧장 부모님 댁으로 갔다.
"아범이 이 밤중에 어인 일이더냐?"
"우리 마을에서도 만세를 부를 거예요. 그리고 덕적도에서도요."
용우는 가슴에 품은 뜻을 굳게 밝혔다.
부모님의 안색이 굳어졌다.

▶ 어인 : '어찌 된'을 예스럽게 이르는 말.
▶ 순사 : 일제 강점기에 둔, 경찰관의 가장 낮은 계급. 또는 그 계급의 사람. 지금의 순경에 해당됨.

"얘야, 의로운 마음은 갸륵하다만 그만두어라. 넌 우리 집 이대 독자야."
"절대 허락할 수 없다. 곧 태어날 아기도 생각해야지.
아비 없이 자라길 바라느냐?"
"저라고 왜 걱정이 되지 않겠어요. 저는 파릇파릇 자라나는 아이들에게
큰 꿈과 희망을 줘서 험난한 세상과 맞서게 할 선생이에요.
순사 온다고 하면 아기까지 울음을 뚝 그치는 이 무서운 세상을
언제까지 그냥 놔둘 순 없잖아요.
이번 기회에 일본 사람을 자기 나라로 돌아가게 해야만 해요."
부모님은 강경하게 말렸지만,
용우의 굳은 의지를 꺾지 못했다.

며칠 뒤, 용우는 동지들과 당인표의 집에 모였다.
오라니 장터와 군하리 장터 만세운동에 참가했던 민창식이 말을 꺼냈다.
"오늘 밤 양촌면과 하성면에서 수천 명이 횃불 시위를 할 거예요."
"나라가 없으니 오만가지 차별과 괴롭힘을 받는 게야.
꼭 독립을 이뤄야만 하네!"

▶ 통문 : 여러 사람의 성명을 적어 차례로 돌려 보는, 통지하는 문서.
▶ 격문 : 급히 사람들에게 알리려고 각처로 보내는 글, 또는 어떤 일을 여러 사람에게 알리어 부추기는 글.

용우는 힘주어 말했다.
그리고 동지들과 같이 통문과 격문, 태극기 제작 등을 하나하나 점검했다.
용우는 뜻을 같이하는 동지들을 한 경 한 명 눈에 담았다.
조강리 민창식, 최우석, 최복석, 정인교, 개곡리 윤종근, 윤영규,
고정리 조남윤, 당인표…….

다음 날 밤,
조강리와 갈산리 사람 수십 명은 함반산에 올라 횃불을 들고 만세를 불렀다.
"조센징, 도대체 언제까지 만세 부를 거냐? 언제까지!"
일본 헌병이 고래고래 소리를 지르며 쫓아왔다.
사람들을 보호하며 뒤따라가던 당인표의 옷자락을
일본 헌병이 잡아당겼다.
순간 당인표는 돌려차기로 헌병을 넘어뜨리고
어둠 속으로 잽싸게 몸을 숨겼다.

3월 29일,
사람들은 통진 읍내로 속속 모여들었다.
11시가 되자 용우는 쩌렁쩌렁한 목소리로 독립선언문을 낭독했다.

동지들은 사람들에게 태극기를 나눠주며 격려했다.
조남윤이 앞장서서 군하리 장터로 행진했다.
조강리, 갈산리 동지들이 마을 사람들과 군하 마을 어귀에서 합류했다.
만세 소리가 하늘 높이 메아리쳤다.

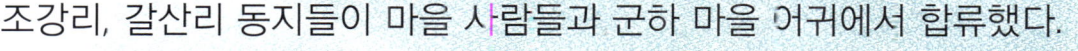

군하리 장터로 막 들어서는데,
일본 헌병이 호루라기를 불며 나타났다.
"해산! 해산하지 않으면 발사하겠다."

앞서가던 조남윤이 붙잡혔다.
"이대로 물러설 수 없소. 2시에 향교로 모이세요."
용우가 사람들에게 귀띔했다.
사람들은 순식간에 뿔뿔이 흩어졌다.

오후 2시가 되었다.
사람들이 향교로 속속 모여들었다.
수많은 사람이 만세를 부르며 면사무소를 들러 월곶학교 운동장으로 나아갔다.

"얘들아, 지난번처럼 만세를 불러 나쁜 일본 사람들을 쫓아내자.
대한독립 만세!……."
고향 마을 아이들도 온 힘을 다해 만세를 불러 뜻을 보탰다.

"덕적도에서도 만세를 부를 거라면서요. 걱정하지 말고 어서 가세요.
우물쭈물하다 배 놓치시겠어요."
동지들이 용우의 등을 떠밀었다.
용우는 만세 소리를 뒤로하고 애기봉을 넘어 조강포에서 배를 탔다.
많은 생각이 머릿속을 맴돌았다.
'대운동회를 열어야겠어. 사람이 곧 하늘처럼 귀하거늘,
어찌하여 일본이 우리를 간섭하고 차별하는 나라가 되었단 말인가.
이번 만세운동으로 반드시 뜻을 이뤄야 해!'

▶ 조강포 : 경기도 김포시 월곶면 조강리 21번지 일원으로, 조강에 있는 포구 중 하나. 포구에서 유일하게 전승되어 온 용왕제와 치군패가 있었으나 현재는 치군패만 복원되어 전승되고 있다.
＊조강 : '할아버지 강'이라는 뜻으로, 시작은 한강과 임진강이 만나는 합수처이고, 끝은 강화 교동도 주변 함박도라고 함.
＊용왕제 : 음력 정월 14일에 배의 주인이 제주가 되어 뱃사공들이 지내는 제사. 무당을 부르지 않는 점에서 '용왕굿'과 다름.
＊치군패 : 지군패, 터밟기(충북), 지신밟기, 매구치기, 풍장치기(충남), 두레놀기(경기도), 두레꽃반(경기도), 지신굿(전북) 등

덕적도에 도착하자마자 용우는 서둘러 학교로 갔다.
"얘들아, 선생님 오신다!"
운동장에서 짚신 삼던 길동이가 소리쳤다. 아이들이 달려와 매달렸다.
"선생님, 우리 아버지가 주재소에 끌려갔어요."
천둥이 눈에 눈물이 어룽어룽했다.

▶ 주재소: 일제 강점기에 순사가 머무르면서 사무를 맡아 보던 경찰의 말단 기관. 8·15 광복 후에 지서(支署)로 고쳤음.

용우는 요동치는 가슴을 안고, 천둥이네 집으로 달려갔다.
"천둥이 어머님!"
"아이고, 훌륭하신 선상니임! 우리 천둥이 아바이를 살려 주시라요.
아 글쎄, 우리 마을 사람들이 연평도로 조기잡이를 갔씨여.
지난해 여름 민어잡이 할 때처럼 왜놈들이 동력선으로 빠르게 쏘다니며
큰 주머니 모양으로 된 그물로 조기를 몽땅 잡아갔대지요.
그래 천둥이 아바이래 따졌댔씨여. 그러자 왜놈들이 떼로 몰려와서
천둥 아바이 멱살을 잡고는……."

천둥이 어머니가 가슴을 치며 말을 잇지 못했다.
"그런 일이 있으셨군요. 틀림없이 우리 마을 바다를 빼앗으려는 속셈일 거예요."
용우는 화가 머리끝까지 치밀어 올랐다.

이 소식을 듣고 마을 사람들이 모여들었다.
용우는 앞장서서 주재소로 향했다. 그리고 순사와 마주 섰다.
"임 선생, 무슨 일이오?"
순사가 인상을 쓰며 물었다.
"천둥이 아버지를 당장 풀어 주시오.
우리 바다에서 웬 행패란 말이오.
천둥이 아버지 멱살을 잡으며
막무가내로 싸움을 걸어 온 건
바로 일본 어민들이라 들었소."

"임 선생, 우리 일본 어민들은 신식 어업권을 허가받았는데,
당신네 어민들도 허가를 받았소?"
"그건 통감부와 조선총독부에서 일본인에게만 허가해 주니까
그런 게 아니오. 우리 바다에서 우리 맘대로 고기잡이하는 것이
뭣이 잘못이란 말이오. 동력선에 안강망으로 물고기 씨까지 싹 쓸어 담으니
우린 뭘 먹고 살란 말이오."
용우가 강하게 따지자 일본인 순사가 움찔하며 순사보에게 눈짓을 했다.
잠시 후, 여기저기 피멍이 든 천둥이 아버지가
감옥에서 끌려 나왔다.
용우는 천둥이 아버지를 업고 밖으로 나왔다.
날이 갈수록 심해지는
일본의 잔인한 폭력과 차별 앞에서
용우의 결심은 더욱 굳어졌다.

▶ 동력선 : 내연 기관의 모터를 추진기로 사용하는 보트. 기계선, 모터보트, 발동선으로 불리기도 함.
▶ 안강망 : 긴 주머니 모양의 통그물. 조류가 빠른 곳에 큰 닻으로 고정하여 놓고 조류에 밀리는 물고기를 받아서 잡음.

학교로 돌아온 용우는 길동이와 천둥이를 교실 안으로 불렀다.
"이걸 산 너머 합일학교 이재관 선생님과 차경창 선생님께 전하고 오너라.
한눈팔지 말고 산길로 조심조심 다녀와야 한다."
"선생님 제자 말이지요? 아주 중요한 일인가 봐요."
길동이가 재차 확인했다.
길동이는 언젠가 용우를 따라 다녀왔기에 자신 있었다.
길동이와 천둥이는 편지를 하나씩 가슴 깊숙이 넣었다.

그날 저녁, 제자들이 경성에서 공부하던 이재관의 삼촌 이동응과 함께
명덕학교로 찾아왔다.
"여기서도 만세를 부르려고 하오!"
용우가 곧바로 말문을 열었다.
"당연한 말씀이에요. 우리도 대한 사람인데요.
언제나처럼 선생님이 앞장서시면 다들 따를 거예요."
"봄 대운동회를 개최해야겠네. 그때 사람들을 모두 모이게 하려고 하네만."
제자의 말에 용우가 명분을 알렸다.
"좋은 생각입니다. 오늘이 3월 29일이니 열흘쯤 지나서 4월 9일이 좋겠어요."

"명덕, 합일, 명신학교와 소야리 글방 아이들과 학부모,
그리고 각 마을 사람들을 초대하면 한 200여 명쯤 될 거예요.
운동장은 협소하니 넓은 진리해변에서 개최하는 게 좋겠고요."
"1시간이 넘게 걸리는 곳도 있으니, 오전 10시경에 시작하는 것은 어떨까요?"
용우와 제자들, 그리고 이동응은 운동회 준비와 태극기를 만드느라
밤낮을 가리지 않았다. 아이들의 마음은 희망으로 부풀어 올랐다.

드디어 4월 9일 오전 10시!
면장을 겸한 김현호 교장 선생님이 인사말을 했다.
내빈석에는 덕적도 주재 일본 순사가 두 눈을 크게 뜨고 두리번거렸다.
시작을 알리는 징 소리와 함께 달리기가 시작되었다.
응원 소리가 점점 뜨겁게 달아올랐다.
마지막 청백 계주가 끝나자 덕적도 주재 일본 순사가 자리를 떴다.
용우는 단상으로 올라가 우렁차게 독립선언문을 낭독하고
태극기를 흔들며 만세를 불렀다.
아이들과 수많은 사람이 동참했다.
"대한독립 만세! 만세!"
만세의 함성이 진리해변을 가득 메웠다.

용우는 맨 앞에서 만세를 부르며 여기저기 행진했다.
주재소 앞을 지날 때였다.
"뭐야? 그만! 그만두지 않으면 총을 쏘겠다."
일본 순사가 깜짝 놀라 총구를 겨누었다.
순사의 손이 부들부들 떨리고 있었다.
"일본은 돌아가라. 돌아가라. 만세! 만세! 대한독립 만세!……."
모두 태극기를 흔들고 힘차게 만세를 부르며 학교와 마을로 흩어졌다.
진리 마을 뒷산의 봉화와 서포리 국수봉, 북리 마을 길거리에서도 만세 소리가 울려 퍼졌다.

덕적도에서 만세를 부른 뒤 덕적도에 딸린 작은 섬 울도로 돌아간 글방 이인응 선생님은 제자와 마을 사람들을 데리고 산에 올라가 만세를 불렀다.
바로 그때, 인천경찰서 경비정을 타고 망루를 철거하러 가던 순사가 이 광경을 보고 사람들을 붙잡아 갔다.

▶ 경비정 : 바다나 강을 경비하는 데 쓰는 작은 함정.
▶ 망루 : 적이나 주위의 동정을 살피기 위하여 높이 지은 다락집.

"음, 임용우 센세이! 가만두지 않겠다."
용우와 제자들, 이동응과 장기선, 남준기 등이 인천경찰서로 붙잡혀 갔다.
"센세이와 모의했다고 다 불었다. 주동자가 누구누구인지 실토하랏."
"모두 나 혼자 한 것이다. 만세를 부른 것이 어찌 죄란 말이더냐.
남의 나라에 함부로 들어와서 주인 행세를 하는 도적들이
무슨 말이 그리 많은 게냐? 어서 네 나라로 돌아가라, 어서! 대한독립 만세!"
"그만! 그만!"
일본 헌병에게 채칙과 각목으로 심한 매질을 당한 용우는
끝내 정신을 잃고 말았다.

▶ 각목 : 모서리를 모가 나게 깎은 나무.

"물을 끼얹어라. 지독한 조센 센세이! 함께했다고 말하란 말이닷."
용우는 뼈가 부러지고 온몸이 성한 곳이 없었지만,
끝까지 모든 책임을 혼자 떠안았다.
용우는 서대문 형무소로 이감되어서도 잔혹한 고문을 받았다.

다음 달 5월 9일!
용우는 온몸이 다 망가져 축 늘어졌는데도
경성지방법원 재판장에서 자주독립에 대한 열망을 당당하게 쏟아냈다.
다시 감옥에 갇힌 용우는 바로 다음 날인 5월 10일, 조용히 숨을 거두었다.
"선생님, 이리 가시면 어떡해요? 선생님……!"

제자들과 마을 사람들은 온몸이 뭉개져서 사과 궤짝에 담긴 용우의 시신을 부둥켜안고 오랫동안 소리 높여 구슬피 울었다.
"교육이 곧 나라의 힘이라고 하셨지요. 아이들이 미래이고 희망이니 귀히 여기라는 말씀도요. 가슴 깊이 새기겠습니다."
"늘 먼저 나서서 어려운 이들을 돕고 나라를 위해 목숨을 바치신 선생님의 깊은 뜻을 널리 전하겠습니다."
"독립은 꼭 이뤄질 것이니 지켜봐 주세요."

제자들은 덕적도와 강화도를 비롯하여 인천 앞바다 섬들을 찾아다니며
사람들에게 임용우 선생의 뜻을 널리 퍼뜨렸다.

서른다섯의 젊은 선생 임용우!
용우의 숭고한 희생정신은
수많은 제자와 사람들에게 영원한 스승으로 길이길이 전해지고 있다.

▶ 숭고하다 : 뜻이 높고 고상함.
▶ 길이길이 : 아주 오래도록.

[김포 3·1 만세운동 전개]

총15회, 참여 인원 약 1만5,000명
전국 세 번째, 경기도 내 두 번째 규모로 추정

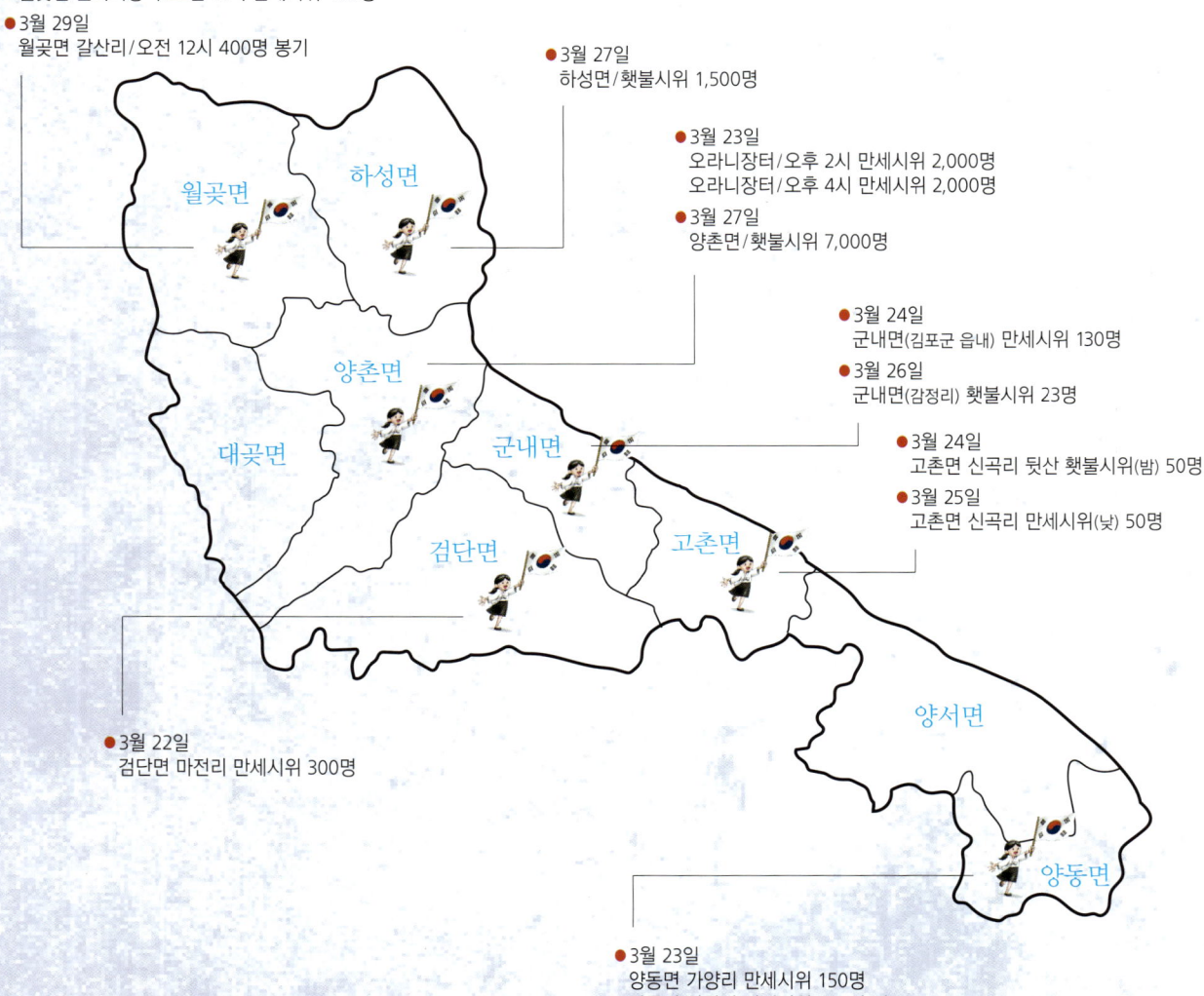

- 3월 22일
  월곶면 군하리장터/오후 2시 만세시위 400명
- 3월 28일
  월곶면 함반산/횃불시위 50여 명
- 3월 29일
  월곶면 군하리장터/오전 11시 만세시위 400명
- 3월 29일
  월곶면 갈산리/오전 12시 400명 봉기
- 3월 27일
  하성면/횃불시위 1,500명
- 3월 23일
  오라니장터/오후 2시 만세시위 2,000명
  오라니장터/오후 4시 만세시위 2,000명
- 3월 27일
  양촌면/횃불시위 7,000명
- 3월 24일
  군내면(김포군 읍내) 만세시위 130명
- 3월 26일
  군내면(감정리) 횃불시위 23명
- 3월 24일
  고촌면 신곡리 뒷산 횃불시위(밤) 50명
- 3월 25일
  고촌면 신곡리 만세시위(낮) 50명
- 3월 22일
  검단면 마전리 만세시위 300명
- 3월 23일
  양동면 가양리 만세시위 150명
  양동면 양화리 만세시위 100여 명

** 위 내용은 1919년 당시 행정구역에 따른 것임.
김포군 양동면과 양서면은 1963년 서울특별시로 편입되었고,
김포군 검단면은 1995년 인천광역시로 편입됨.

[덕적도 만세운동 지역]

1. 명덕학교 자리 : 구 덕적초등학교
2. 진리 해변 : 4월 9일 덕적군도 연합운동회가 끝나자 만세운동 실시.
3. 국수봉 : 마을 주민 국수봉에 올라 만세 합창.
4. 울도 : 이인응 선생, 제자와 마을 사람들과 함께 울도로 돌아가 만세를 부름.

[김포 포구와 나루터]

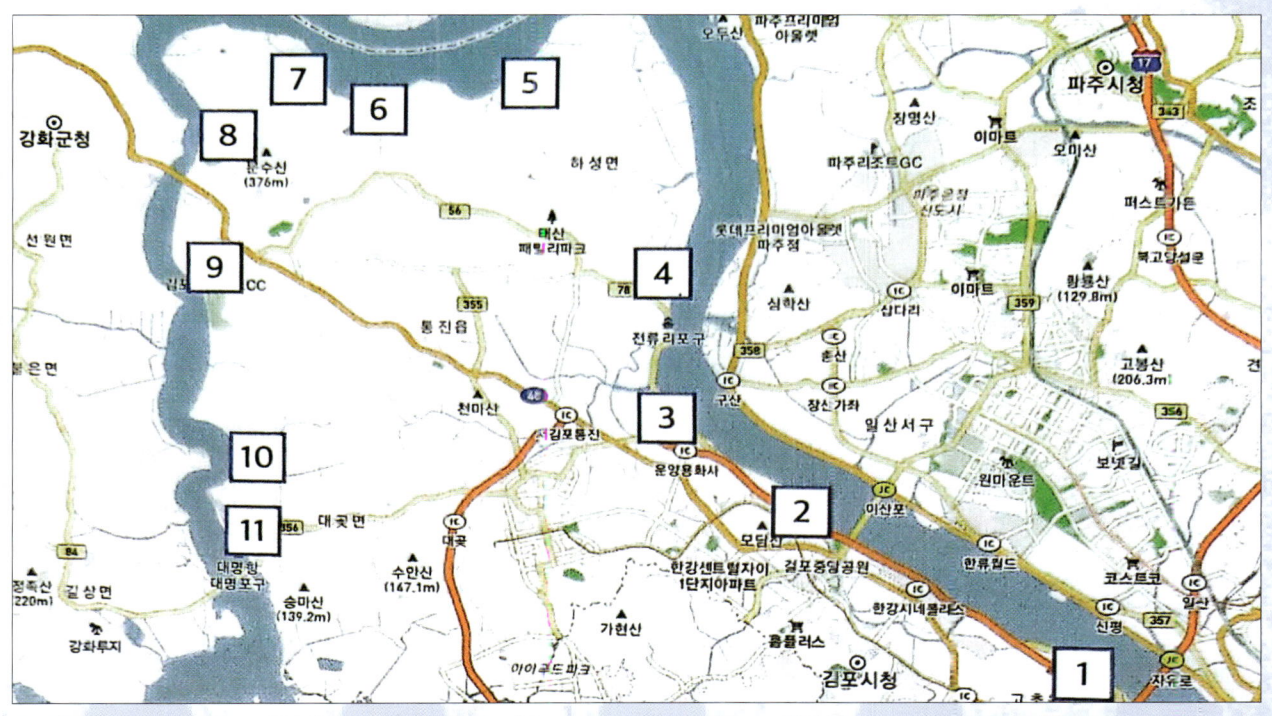

1. 섶골나루 2. 감암나루 3. 운양나루 4. 전류정나루 5. 마근포 6. 조강포 7. 강녕포 8. 갑곶나루 9. 원머루나루 10. 신덕포 11. 대명_루

[이야기 속으로]

〈덕적도 3·1만세운동〉

1907년 일제는 '한국수산지'를 발간하여 일본 어민을 돕는 지침서로 사용하면서, 우리나라에 식민 어촌을 건설하고 일본의 어부들이 이주할 수 있도록 지원했다. 1908년에는 어업법, 1911년에는 조선어업령을 시행하면서, 우리나라 모든 어민이 통감부와 조선총독부 면허를 받도록 했다. 어업 면허의 종류를 세분화하는 과정에서 신식 어업권을 일본 어민에게만 허가하는 등 우리 어민들을 차별했다.

그렇게 서해 민어 파시(어시장)의 중심지였던 덕적도 사람들은 어업권을 일본에 계속 빼앗겼으며, 살림은 극도로 어려워졌다. 1923년 《동아일보》는 "덕적도 인근에서 출어한 어선 528척 중 일본 어선은 90척(17%)! 일본에 의한 서해 어장의 빠른 잠식이 크게 우려되고 있다"고 밝혔다.

덕적도는 기독교와 신학문의 영향으로 교육열이 매우 높아 부녀자들도 한글을 깨우쳤으며, 명덕 · 명신 · 합일 3개의 사립학교가 세워졌고, 주변 섬에는 사숙(글방)들이 있었다.

1912년, 스물일곱의 젊은 임용우 선생님이 명덕학교에 부임했다. 밤이면 각 가정을 방문하여 학생들을 가르쳤고, 낮에는 학교에서 학생들과 삼은 짚신을 팔아 학교 경영에 보탰다. 마을에 어려운 일이 생기면 발 벗고 나서서 도왔기에 어린 나이였음에도 마을 사람들은 임용우 선생님을 매우 존경했다.

덕적도가 고향인 송은호(86세) 옹은 "나는 나이가 어려 임용우 선생님을 직접 뵌 적은 없지만, 삼촌이나 아버지가 평소에도 임용우 선생님의 말을 인용하여 나를 가르쳤다."며 "돌아가신 지 한참 지났을 시점이었으나, 마을 사람에게는 그토록 스승으로 남아 있었던 것 같다."고 당시를 회상했다.(《경인일보》 2019. 6. 6. 「외딴 섬마을의 큰 스승 '만세 함성 홀씨'되다!」에서 발췌)

임용우 선생님은 경기도 김포군 통진면의 창신학교를 졸업하고 모교에서 3년 간, 1912년 27세 때부터 인천(당시 부천군) 앞바다에 있는 덕적도 사립 명덕학교에서 8년 간 근무하면서 많은 애국 청년을 길러 냈다.

임용우
(출처_국가보훈부공훈전자사료관)

조남윤
(출처_국가보훈처공훈전자사료관)

차경창
(출처_국가보훈처공훈전자사료관)

이동응
(출처_국가보훈처공훈전자사료관)

최복석
(출처_국가보훈처공훈전자사료관)

1919년 2월 하순, 천도교의 연락을 받고 3월 1일 경성(서울)에서 독립선언식에 참가하여 만세를 불렀다. 3월 3일에는 고향 군하리 면사무소 앞에 면민을 집합시키고 독립 만세를 부르며 시가행진을 벌였다. 3월 29일에는 최복석, 윤영규 등과 월곶면 갈산리, 조강리 일대의 만세운동을 주도하였다. 이날 정오 경 갈산리에서 최복석이 태극기를 들고 선두에 서서 만세 시위행진을 벌이고, 오후 2시 경 군하리 향교와 보통학교, 면사무소를 향해 행진했다.

당일 자신이 근무하는 명덕학교로 돌아간 임용우 선생님은 옆 학교에 근무하는 제자 이재관 선생님(23세), 차경창 선생님(19세), 경성 성경학원 학생 이동응을 만나 사전에 작성된 유고문을 칭찬하고 4월 9일 '덕적군도 연합운동회 개최'를 결정했다. 명덕, 명신, 합일학고와 소야리 사숙, 그리고 주변 섬 사람들은 오전 10시경, 진1리 해변 (현)덕적중고등학교 운동장과 송정(松汀) 일대로 속속 모여들었다. 덕적도 유지들과 섬 사람들이 참석한 가운데 각 학교 학생들은 줄다리기, 달리기, 씨름 등에 참여했으며, 오후 일정을 간단히 끝냈다. 일본인 경찰관 백근(시라네)이 자리를 떠나자 곧바로 임용우 선생님이 연설하고 이어 제자 이재관 선생님의 유고문 낭독을 시작으로 다 같이 만세삼창을 하고, 덕적도 곳곳을 행진하며 독립만세운동을 벌였다. 그 열기는 더욱 뜨겁게 달아올랐다. 울도 소야리 사숙 이인응 선생님은 운동회를 마치고 마을로 돌아가 마을 사람들과 만세를 부르다 일본 경찰에게 붙잡혔다. 그 후 임용우 선생님과 제자들도 인천경찰서로 끌려갔다.

만세운동의 중심인물이던 임용우 선생님은 덕적도 주재소와 인천경찰서에서 죽을 만큼 가혹한 고문으로 온몸이 망가졌다. 그로부터 꼭 한 달이 되던 날, 5월 9일 경성지방법원에서 보안법 위반 혐의로 1년 6개월 형을 선고받고 서대문형무소로 이감되었다. 이튿날 5월 10일, 임용우 선생님은 싸늘한 주검이 되어 사과 궤짝에 담겨 나오니, 모든 이들의 통곡이 가슴을 저몄다.

임용우 선생님의 제자들은 덕적군도는 물론 강화도 등 인천 앞바다 섬 사람들에게 그가 생전에 베푼 선행을 널리 퍼뜨려 왔다. 임용우 선생님의 숭고한 정신과 언행은 섬 사람들의 가슴에 영원히 살아 숨 쉬고 있다.

자문 및 감수 : 김포시 3·1만세운동기념사업회

임용우 애국열사(1884. 9. 24.~1919. 5. 10. 경기도 김포 월곶면 개곡리 572번지 출신)

고향 창신학교를 졸업하고 그곳에서 3년 간, 그리고 1912년 27세부터 8년 간 덕적도 명덕학교에서 근무하며 많은 애국 청년들을 길러 냈음. 1919. 3. 1. 경성 만세운동에 참석하고, 3월 3일 고향 군하리 면사무소 앞에서 면민들을 모아 독립만세를 외치고 행진함. 3월 28일 당인표의 집에 모여 3월 29일 월곶면 만세 시위를 이끌었음. 4월 9일 덕적도 진리해변에서 명덕학교 운동회(덕적군도 연합운동회)를 개최하여 인근 학교에 재직 중인 제자 이재관, 차경창 등과 독립만세를 선창하고 만세운동을 이끌었음. 이후 이인웅과 함께 임용우 선생도 체포되어 인천경찰서로 끌려가 죽을 만큼 모진 고문을 받음. 1919년 5월 9일 징역 1년 6개월을 선고받아 서대문형무소에서 옥고를 치르던 중 일제의 잔인한 고문으로 다음 날, 5월 10일 감옥에서 순국함.(1968년 대통령 표창 추서, 1991년 건국훈장 애국장 추서)

[3월 29일 군하리 만세운동 애국지사]

최복석(1897~미상, 경기도 김포군 월곶면 조강리 출신)

1919. 3. 29. 정오. 김포군 월곶면 갈산리와 조강리 등의 주민 수백 명과 독립만세 시위 운동에 참여함. 자신이 만든 태극기를 들고 선두에 서서 독립만세를 외침. 군하리 공자묘와 공립보통학교, 면사무소 앞에서 태극기를 들고 독립만세를 외치다 일경에게 체포되어 징역 1년을 선고받음. 두 번 상고했으나 모두 옥고를 치름.

윤영규(1882. 4. 24.~1926. 12. 17. 김포군 월곶면 개곡리 413번지 출신)

1919. 3. 29. 인근 마을 갈산리, 조강리 등 주민 수백 명과 군하리에 있는 공자묘와 공립보통학교, 면사무소 앞에서 태극기를 들고 독립만세를 외치며 만세 시위를 벌이다가 일경에 붙잡혀 징역 8월형을 선고받고 옥살이를 함.(1992년 대통령 표창 추서)

조남윤(1894. 9. 10.~1928. 12. 23. 김포군 월곶면 고정리 출신)

1919. 3. 28. 김포군 월곶면에서 임용우, 당인표 등과 독립만세 시위 운동을 계획하고 선언서와 태극기를 인쇄 제작, 선전 문서 약 7통을 만들어 각 동네 사람들에게 배포함. 3월 29일 오전 11시경 전 통진 읍내에 모인 수백의 사람들과 함께 향교와 면사무소 앞에서 만세 시위를 전개하다가 붙잡혀 징역 1년을 받고 옥고를 치름. 경기도 공립사범학교 졸업, 월곶공립보통학교 교장 역임.(1995년 건국훈장 애족장 추서)

당인표(1896. 4. 26.~미상. 김포군 월곶면 출신)

1919. 3. 28.~3. 29. 김포군 월곶면 군하리 일대의 독립만세 운동을 계획 진행을 주도함. 3월 28일 자신의 집에서 만세 시위 계획을 논의하고 유인물 7통을 작성하여 면내 주민들에게 배포함. 이날 밤 수십 명의 동리 사람과 함께 함반산에 올라가 횃불 시위를 함. 성품이 의롭고 기력이 장대하여 왜경과 수차 대결 후 만주로 망명하여 행방불명됨. 조카 당윤섭 씨가 가족납골묘에 영혼을 모심.

민창식(1888. 12. 28.~1948. 8. 15. 김포군 월곶면 조강리 158번지 출신)

1919. 3. 23.일 오라니 장터 만세운동에 참여 후, 조강리, 갈산리 만세운동을 추진함. 3월 28일 밤 주민 수십 명과 함께 함반산 정상에서 횃불을 올리며 독립만세를 외치다 일경에 피체되어 징역 6월을 선고받고 옥살이를 함.(1999년 대통령 표창 추서)

최우석(1892. 1. 11.~1942. 2. 17. 김포시 월곶면 조강리 6번지 출신)

1919. 3. 22. 오라니 장터 만세운동에 참여함. 3월 28일 당인표 집에서 임용우, 조남윤 등이 배포한 문서의 취지에 찬성하고 권유문을 인쇄하여 마을 사람들에게 배포함. 정인교와 동네 사람들을 모아 3월 29일 오전 11시경 월곶면(전 통진 읍내)의 향교와 월곶면사무소 앞 등지에서 만세 시위를 전개하다가 체로되어 징역 1년을 언도받고 옥고를 치름.(2005년 건국훈장 애족장 추서)

정인교(1888. 9. 20.~1932. 1. 6. 김포군 월곶면 조강리 출신)

1919. 3. 28. 경기도 김포군 월곶면 조강리, 갈산리에서 마을 사람들 수십 명을 모아 함반산에 올라 횃불을 올리며 독립만세를 외침. 최우석, 윤종근, 윤영규, 임용우 등과 뜻을 같이하기로 결의, 3월 29일을 거사 일로 정하고 마을 사람들을 규합하는 등 거사 준비를 하다 체포되어 징역 6월을 선고받고 옥고를 치름.(2002년 대통령 표창 추서)

윤종근(1888. 2. 29.~1959. 4. 15. 김포군 월곶면 조강리 출신)
　1919. 3. 28. 당인표 집에 모여 만든 권유문을 동네를 돌며 전달함. 김포군 월곶면 군하리에서 수십 명의 시위 군중을 이끌고 함반산 정상에서 횃불을 올리며 독립만세를 외치며 시위함. 3월 29일에는 시위 군중 400여 명을 구 통진 읍내에 집결케 하여 다시 독립만세를 외치겨 시위하다 붙잡혀 징역 1년을 선고받고 옥고를 치름.(1963년 대통령 표창 추서, 1990년 건국훈장 애족장 추서)

그 외 : **조남선**(미상, 김포군 월곶면 고양리 출신), **민홍기**(미상, 월곶면 고양리 출신, 군자금 모집), **오복영**(1892~미상).

[4월 9일 덕적도 만세운동 애국지사]

이재관(1897. 12. 11.~1989. 2. 8. 경기도 부천군 덕적면 서포리 459번지 출신)
　23세의 합일학교(1908년 설립) 교사로, 성경학원 학생인 삼촌 이동응이 서울에서 3·1만세운동에 참가한 뒤 휴학하고 고향으로 내려올 때 가져온 '독립선언문'을 받아 유고문을 작성하여 널리 알림. 1919. 4. 9.일 명덕학교 스승 임용우와 동료 교사 차경창 등과 함께 명덕학교 덕적군도 연합운동회와 만세 시위에 앞장 섬. 시위 직후 일본 경찰에 구금되어 소위 보안법 위반으로 징역 1년 6개월을 받았으며, 경성복심법원과 고등법원에서 상고가 기각됨. 서대문형무소에서 옥고를 치르고, 1920년 2월 14일 출옥함. 1950년대 덕적면 의회 의장이 됨.(2006년 훈격 건국포장 공훈록 추서)

차경창(1901. 5. 21.~1950. ?. 경기도 부천군 덕적면 서프리 출신)
　20세의 합일학교 교사로, 덕적면 신리 명덕학교 스승 임용우와 잡화상 최복석 등에게 연락을 받고 동료 교사 이재관, 주민 윤영규 등과 덕적도 만세 시위를 주도함. 1919년 4월 9일 명덕학교 연합운동회를 계기로 만세 시위를 벌이다 일제에 체포되어 경성지방법원에서 8개월 징역형을 선고받고 서대문형무소에서 옥고를 치름. 옥중에서 기독교인이 되었으며, 출옥 후 감리교 협성신학교에 입학하여 1928년에 졸업. 목사 안수를 받고 1935년 제천교회, 1939년 원주읍교회에 목사로 부임하여 원주 지방 감리사를 역임함. 1947년 9월, 서울 수표교교회 목사로 활동하던 중 1950년 6월 28일 공산군에 피납된 후 행방불명 됨.(2006년 건국포장 추서)

이인응(1859. ?~1950. ?. 경기도 부천군 덕적면 서포2리 벗개 출신)
　1919. 3. 1. 60세 덕적군도 소야리 울도 사숙(글방, 서당) 선생님. 4월 9일 명덕학교 연합운동회에 제자 몇 명과 참석하여 만세운동에 합류. 울도로 돌아가 2~3일 후 마을 사람들을 모두 산마루에 모이게 하고 대한독립만세를 부르다 울도 앞바다의 망대를 철수를 위해 김현호 면장과 경비정을 타고 가던 왜경에게 발각되어 포격 당할 처지에 놓임. 김현호 면장의 애걸로 사격은 중지되었으나, 주모자인 이인응은 인천경찰서로 연행되어 심한 문초를 견디지 못하고 명덕학교 연합운동회에 대해 밝힘.

이동응(1881. ?~1967. ?. 경기도 부천군 덕적면 서포2리 출신)
　1919년 서울 성경학원에 재학생일 때 임용우, 이재관, 차경창 등과 함께 만세운동을 주도하다 일본 경찰어 붙잡혔지만, 이동응 목사에 대한 재판 기록은 없어 실제 독립운동에 참여했는지는 알 수 없다. 하지만 여러 출판물에서 덕적도 3·1운동에서 주도적인 역할을 했다고 시사하고 있어 그가 덕적도에 처음으로 독립선언문을 가져온 것이 사실로 추정됨. 1921~1928년 장봉도 옹암감리교회 담임 목사로 있으면서 절제운동(조선물산장려운동)을 추진하고, 강화 석모도 전도사로 활동하면서 부흥여학교(초기 합일여학교) 교사를 신축하여 70여 명의 학생을 가르쳤으며, 석모 유지 김창진, 박헌용과 함께 서당을 통합하여 육영의숙을 세움.

[참고 자료 및 문헌]
- 김진수,《김포독립운동 조사 자료집》, 김포 3·1만세운동연구소 출판. • 월곶면 군하리 장터 만세운동 관련 자료. • 김진수,《김포항일독립운동사》, 2005.
- 김진수,《김포 3·1만세운동사료집》, 2008. • 정현채,《김포 역사와 문화》, 착한이김협동조합 출판, 2021. • 옹진군청 홈페이지〈내 고장 옹진 : 역사/인물, 3·1독립만세운동 편〉.
- 자료수집 : 김포독립기념관 제작 자료들, 유족 증언, 저술, 추모 및 기념행사, 사건 현장 등.
- 활용된 자료 : 판결문, 일제정보문서, 신문, 잡지, 제적부, 증언, 유품, 행사자료, 사건 현장 및 인물사진, 도서 및 공적서 등.
- 경인일보. 2019. 6. 6. 제13면.〈독립운동과 인천(15)〉덕적도와 임용우-외딴 섬마을의 큰 스승 '만세함성 홀씨' 되다. • 경인일보 2019. 6. 13. '덕적도 독립운동 이끈 이동응, 차경창 목사'.

[덕적도 만세운동 관련 사진]

임용우 선생님이 8년 간 재직했던 덕적도 명덕학교 자리.

덕적도 덕적중학교 옆에 세워진 임용우 선생님의 공적비.

임용우 선생님 제자들이 세운 임용우 선생님 만세운동기념비.

임용우 선생님 묘역 앞에서 직계 증손자 임도연님과 고현숙 작가.

임용우 선생님 생가 터 앞에서 직계 증손자 임도연님의 증언을 듣는 고현숙 작가.

2019년 3월 1일 인천 옹진군 덕적도에서 3·1운동이 펼쳐진 지 100년만에 기념식이 열렸다. 장정민 옹진군수가 이 날 기념식에서 '기미년독립선언 기념비' 앞에서 헌화하고 있다. 이 기념비는 1997년에 세워졌다.(경인일보 제공)